NOTICE

SUR M. L'INSPECTEUR

L. LAVERAN

EX-DIRECTEUR DE L'ÉCOLE DU VAL-DE-GRACE.

PARIS,

LIBRAIRIE DE LA MÉDECINE, DE LA CHIRURGIE ET DE LA PHARMACIE MILITAIRES

VICTOR ROZIER, ÉDITEUR,

26, RUE SAINT-GUILLAUME, 26,

Près le boulevard St-Germain.

1879

NOTICE

SUR M. L'INSPECTEUR

L. LAVERAN

EX-DIRECTEUR DE L'ÉCOLE DU VAL-DE-GRACE.

PARIS,

LIBRAIRIE DE LA MÉDECINE, DE LA CHIRURGIE ET DE LA PHARMACIE MILITAIRES

VICTOR ROZIER, ÉDITEUR,

26, RUE SAINT-GUILLAUME, 26,

Près le boulevard St-Germain.

1879

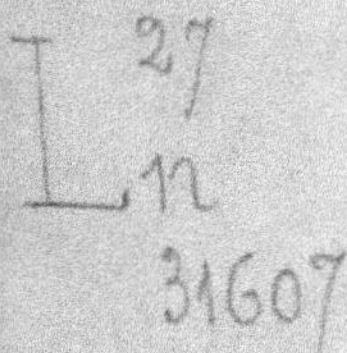

Imprimerie de J. Domaine, rue Christine, 2

NOTICE

SUR M. L'INSPECTEUR

L. LAVERAN

M. L. Laveran inaugura par un succès son entrée dans la carrière qu'il devait honorer durant près de 47 ans : il obtenait, en 1832, le premier prix à l'hôpital militaire d'instruction de Lille, aux applaudissements de tous ses collègues parmi lesquels il se créait des amitiés qui durèrent toute sa vie et dont la plus intime, la plus dévouée, fut celle de M. Testelin.

Nommé médecin adjoint le 18 février 1840, il commença son rôle de médecin d'hôpital en Algérie, où l'armée était encore livrée aux dangers de la première heure, ayant à lutter non-seulement contre l'homme, mais surtout contre un sol et un climat meurtriers, sans lieux de refuge pendant les saisons les plus dangereuses.

Il prenait immédiatement part aux grands travaux de l'époque sur la pyrétologie algérienne, sacrifiant à l'observation des faits l'absolutisme des doctrines qui prétendaient ramener à une source unique toutes les affections observées en ces régions : « A mon arrivée dans ce pays, j'étais, dit-il, tellement prévenu par certaines lectures, que je ne croyais rencontrer qu'une seule affection à forme variable, et que

je ne songeais à employer qu'un seul médicament, le sulfate de quinine (1). »

Il démontre dès lors, par une série de faits, la fréquence
de la fièvre typhoïde qu'on prétendait exclure de l'Algérie,
et, dans ce même travail, établit l'indépendance étiologique
de la dysenterie et de la malaria.

Quelques mois plus tard, s'ouvrait un concours pour une
chaire de professeur à l'hôpital militaire d'instruction de
Metz ; Laveran n'avait alors que 29 ans ; l'épreuve fut pour
lui une nouvelle victoire, et non une victoire banale ; elle
laissait à son jury une impression si profonde et si durable,
qu'un membre de ce jury, M. l'inspecteur Vaillant, me
rappelait, plus de 30 ans après, les incidents de ce concours
avec la vivacité de souvenir et la satisfaction du juge qui
viendrait d'accorder à l'instant son suffrage à un candidat
hors ligne.

Pendant cette première période de professorat, se révélait
déjà cette puissante personnalité, impatiente du joug des affir-
mations scolastiques, prodiguant, en chaque cours, une foule
d'idées neuves, originales, rigoureusement déduites de la
science et de la raison. Nommé membre de l'Académie royale
de Metz, en 1848, à la suite d'un travail sur le scorbut (2), il
s'appliquait spécialement alors à l'étude de deux autres maladies épidémiques qui là, comme en plusieurs garnisons

(1) L. Laveran, *Documents pour servir à l'histoire d s maladies du
nord de l'Afrique*, in *Rec. de mém. de méd. milit.*, 1re série, t. LII, p. 1.
(2) *Considérations sur le scorbut*, in *Trav. de la Soc. des sciences
de la Moselle*, 1848.

françaises, semblaient s'être associées : le *choléra*, qui lui valut de la part du ministre de l'agriculture et du commerce une médaille d'argent pour son dévouement et sa belle conduite; la *méningite cérébro-spinale*, dont il fit l'objet d'une relation demeurée remarquable entre toutes celles que possède aujourd'hui la science (1). Redoutable énigme que cette maladie effrayante par la brusquerie de son décours, l'atrocité de sa douleur, et, spécialement en France, par son affinité pour les constitutions d'élite et les organismes vigoureux. La rapidité de la suppuration avait tout d'abord fait évoquer la pensée d'un phlegmasie suraiguë, conception dont le corollaire était une médication antiphlogistique proportionnée; de là, ces émissions de 2, 3, 4 livres de sang au moins en 24 heures, sans autre résultat qu'une aggravation de pronostic. Ici encore, d'après les faits qui se sont déroulés sous ses yeux, d'après leurs analogies étiologiques, cliniques, anatomiques, L. Laveran ramène la méningite au groupe des maladies spécifiques.

En 1850, les hôpitaux militaires d'instruction sont brusquement supprimés; pour L. Laveran, c'était la perte d'une position acquise par le concours; c'était l'éloignement des centres scientifiques; c'était la porte de l'Algérie qui s'ouvrait de nouveau, et qui cette fois ne devait se rouvrir que sept ans plus tard.

Mais, en revanche, c'était le retour, sur ce dernier théâtre

---

(1) *Relation de l'épidémie de méningite cérébro-spinale observée à Metz de 1847 à 1849*, même *Recueil*, 1849.

d'observation, d'un esprit merveilleusement prêt à appliquer les méthodes cliniques les plus rigoureuses à l'étude de l'endémie algérienne; c'est dans les hôpitaux du nord de l'Afrique, spécialement à Blidah, qu'il recueillait les principaux documents d'un important travail sur les succédanés du sulfate de quinine, dont la consommation entraînat chaque année des frais considérables (1).

L'obligation de recruter des médecins militaires, la nécessité d'une période préalable d'études professionnelles, avaient entraîné la reconstitution, au Val-de-Grâce, d'une Ecole d'application à la médecine et à la pharmacie militaires. Parmi les matières d'enseignement qui devaient caractériser la nouvelle institution, figurait l'étude des *maladies et épidémies des armées;* telle était, dès l'origine de l'école, l'opinion de son premier directeur, Alquier; telle fut celle également de Michel Lévy, dont la puissante initiative sut réaliser cette idée en y appelant celui qui, pour tous, était désigné d'avance, et venait occuper son nouveau poste le 24 juillet 1856.

Fondé par Laveran de toutes pièces, et en dehors de tout précédent, ce cours offrait une première difficulté, l'établissement de son programme à travers le vaste cercle de connaissances où il devait pénétrer. «Le cours des maladies et épidémies des armées a pour but pratique de montrer au

---

(1) *Etude sur l'action comparée du sulfate de quinine, du sulfate de cinchonine et de quinine dans le traitement des fièvres intermittentes d'Afrique,* in *Gaz. méd. de Paris,* 1856.

jeune médecin militaire dans quel cercle son activité pratique aura à s'exercer, de dérouler sous ses yeux le tableau mobile et varié des maladies particulières aux différentes contrées du globe et enfin de réunir dans un même cadre l'histoire médicale des grandes expéditions (1). »

C'était faire appel à toutes les notions de pathologie, d'hygiène, de géographie médicale, etc. Mais Laveran démontre admirablement combien cette tâche a de chances de réussite dans l'armée : « L'observation n'est ni bornée par le champ étroit de la pratique particulière, ni accablée par la diversité des faits des services des grands hôpitaux civils où les malades, épuisés par l'âge et la misère, ne présentent, le plus souvent, que les formes graves, les périodes avancées des maladies. Elle a pour objet des hommes connus d'avance, des maladies saisies à leur début, dans leurs formes les plus diverses.

« Si l'observation dans la médecine des armées est complète et précise, l'analyse s'y applique naturellement ; les conditions d'âge, d'habitation, d'activité ou de repos, d'alimentation, d'impressions morales, sont tellement déterminées dans la vie du soldat, qu'elles forment comme des lignes de séparation qui isolent sans travail, sans artifice, les éléments sur lesquels opère la comparaison avec des ressources propres, puisque les chiffres énormes qui représentent les effectifs des armées modernes introduisent, dans les

____

(1) *Avant-propos du programme officiel du cours des maladies et épidémies des armées.*

déductions tirées du parallèle des résultats comparés, des éléments de certitude qui croissent comme les nombres s'élèvent (1). »

La classification des maladies du soldat, d'après leur étiologie, correspondait au but suprême du cours, la prophylaxie. En suivant cet ordre essentiellement philosophique, le programme a été, dès le début, si heureusement réalisé qu'il n'a subi depuis que de légères modifications, et que certainement aujourd'hui encore il peut servir de modèle à tout enseignement analogue.

Non pas que, maintenu dans ce cadre identique, le cours du professeur soit jamais demeuré stationnaire ; chaque année un nouveau contingent de faits, de considérations déduites des progrès de la science, imprimait un relief particulier à cet enseignement dont tant de générations ont conservé un profond souvenir. C'est quand les idées étaient complètement mûries, affirmées par une série incessante de recherches, que Laveran les résumait en des travaux qui n'étaient plus des jalons, mais des œuvres définitives auxquelles on pourra ajouter, sans rien avoir à en retrancher.

A ce titre sont devenus classiques les deux mémoires publiés, l'un en 1860, sur les *Causes de la mortalité de l'armée servant à l'intérieur* (2), l'autre, en 1863, sur la *mortalité des armées en campagne* (3), mémoires antérieurs à

---

(1) *Avant-propos du programme du cours des maladies et épidémies des armées.*

(2) Voy. *Ann. d'hyg. publ. et de méd. lég.*, 2ᵉ série t. XIII.

(3) *Id.*,   id., 2ᵉ série, t. XIX.

la création d'une statistique médicale de l'armée, et que cette statistique n'a fait que confirmer, mémoires constituant un véritable résumé d'*Epidémiologie*, où chaque affirmation s'appuie sur une série de faits, et où les idées générales, sans perdre leur côté essentiellement pratique, sont exprimées souvent avec une entraînante éloquence. Tel ce passage résumant les phases successives du dogme de l'épidémicité, en ramenant toujours l'esprit au but capital de l'auteur : le devoir du médecin d'armée, et la santé du soldat : « Le spectacle des épidémies dans l'antiquité a fait naître la terreur qu'inspiraient tous les grands phénomènes naturels. Devant les coups répétés de la mort, comme au bruit de la tempête et de l'orage, l'homme, saisi du sentiment de sa faiblesse, a invoqué ou accusé les dieux. Plus tard, un coup d'œil plus calme, le fait de la dissémination de la syphilis et du typhus par les armées, a fait naître l'idée d'une certaine analogie entre les causes des épidémies et les poisons dont la connaissance avait été répandue par les Arabes. Fracastor donna une expression à la conception nouvelle de l'épidémicité, et fonda l'histoire de la contagion. L'esprit moderne plus réfléchi, plus défiant de sa puissance, a ramené la question des épidémies à l'état de leurs rapports avec les grandes conditions d'hygiène : le prix des céréales, l'espacement des habitations, la mauvaise tenue des villes et des campagnes. L'histoire des épidémies des armées donne raison à ce dernier point de vue. Pour le médecin d'armée, c'est assez connaître, s'il peut prévoir et prévenir, et il est, en effet, en mesure de dicter les meilleures mesures à pren-

dre pour prévenir ou limiter l'action des saisons, des climats
extrêmes, éviter l'infection palustre, diminuer les coups
d'une épidémie régnante, prévenir l'infection des tentes et
des baraques, Mais, pour qu'il ait autorité sur l'esprit défiant du commandement, il doit fonder ses conseils sur la
connaissance précise de chaque classe d'affections en particulier, et éviter le vague des instructions générales. C'est au
médecin qu'est remise la cause des faibles devant une autorité plus préoccupée de l'importance des grandes opérations
que de la mesure des forces humaines en face des rigueurs
des climats. »

A côté de ces travaux d'ensemble, paraissait une série de
monographies, s'appliquant à telle ou telle épidémie déter-
minée, mais riches toujours en considérations analogiques,
qui affirmaient l'esprit philosophique de leur auteur.

Les unes ont pour but des faits directement observés :
tel l'article intitulé : *Des influences nosocomiales sur la
marche de la rougeole* (1), inspiré par l'épidémie qui se
manifestait au Val-de-Grâce en 1860, atteignant presque la
léthalité du choléra, et empruntant cette terrible gravité aux
conditions d'encombrement imposées à cet hôpital par l'ag-
glomération, autour de Paris, de l'armée qui rentrait d'Italie.
Telle la *Relation de l'épidémie de fièvre bilieuse de la caserne
de Lourcine* (2), également observée au Val-de-Grâce, mais
devenant l'occasion d'un remarquable chapitre sur les fiè-

(1) Voy. *Gaz. hebd. de méd. et de chir.*, 1861.
(2) Voy. *Rec. de mém. de méd. milit.*, 1866.

vrès bilieuses, et sur leurs rapports avec la fièvre jaune et l'ictère grave.

Les autres s'appuient sur l'ensemble des faits connus : telle cette note si convaincante en sa concision, sur la nature de l'héméralopie (1); tels les articles *Choléra* et *Méningite cérébro-spinale* du Dictionnaire encyclopédique, articles si complets au point de vue anatomique et clinique, mais plus riches encore, peut-être, en considérations épidémiologiques, le premier fournissant matière à une étude magistrale des *grandes épidémies*, le second nous reportant sur le théâtre des maladies populaires à extension circonscrite : *les petites épidémies*.

Parmi ces monographies, il en est une, la première en date, faite en commun avec notre cher et vénéré maître M. l'inspecteur *Lustreman*, ayant pour objet l'*Ophthalmie militaire*, et basée principalement sur les faits recueillis en 1856 au congrès ophthalmologique de Bruxelles, où les deux éminents professeurs avaient été délégués par le ministre de la guerre.

Les médecins ne furent pas seuls à apprécier la valeur de leur rapport, sur lequel ce ministre, le maréchal Vaillant, consignait la note autographe suivante :

« Le soin minutieux que j'ai apporté à noter les nom-
« breuses, mais tout à fait insignifiantes fautes de copie
« qui existent dans ce mémoire, prouvera à MM. Lustre-
« man et Laveran l'intérêt que j'ai pris à la lecture de

---

(1) Voy. *Gaz. hebd. de méd. et de chir.*, 1858.

« leur œuvre. Je les remercie de tout mon cœur du zèle
« qu'ils ont mis à s'acquitter de la mission qui leur avait
« été donnée. J'ai bien des fois pensé à la possibilité d'une
« invasion de la maladie dans notre armée, et je me suis
« souvent demandé ce que nous deviendrions si l'ophthalmie
« militaire venait à exercer chez nous les affreux ravages
« que je lui ai vu produire dans l'armée belge, en 1829
« et plus tard. Dieu merci, nous aurions maintenant, si
« pareil malheur arrivait, une marche certaine à suivre et
« un mode de traitement bien sûr à pratiquer. Merci donc
« encore une fois aux auteurs de ce mémoire. »

Les études d'épidémiologie n'avaient jamais détourné
Laveran de l'observation clinique ; il a fourni une série de
mémoires importants dont les principaux matériaux avaient
été recueillis dans son service (1). Pour lui, d'ailleurs, la
clinique constituait le point de départ principal de la prophylaxie nosocomiale. Une direction spéciale devait être
imprimée au service hospitalier suivant la nature des maladies ; « l'hygiène de l'homme malade devient une médication » (2), et l'on ne peut banalement accepter, pour

---

(1) *Observation d'abcès sous-aponévrotique de la fosse iliaque droite,
ouvert dans le péritoine*, in *Rec. de mém. de méd. milit.*, 1re série,
t. LIV ; *Notes sur les abcès pulmonaires aigus*, Id., 1re série, t. LVII ;
Réflexions et observations sur l'opération de l'empyème, Id., 2e série,
t. II ; *Observation de dysenterie aiguë grave avec expulsion d'une por-
tion cylindrique de la membrane muqueuse de l'intestin*, Id., 2e série,
t. XII ; *Cas d'hémophilie avec leucocythémie et altération de la rate*,
in *Gaz. hebd.*, 1857 ; *Anatomie pathologique du tubercule*, in *Rec.
de mém. de méd. milit*, 3e série, t. VI.

(2) *Réflexions sur l'hygiène des hôpitaux*, in *Gaz. hebd.* 1862.

toute espèce d'affection, telle installation déclarée satisfaisante par les personnes étrangères à la médecine.

Au moment où sa promotion au grade d'inspecteur l'éloignait de ce théâtre, il abandonnait à regret ses malades et en particulier le service consacré, au Val-de-Grâce, aux officiers fiévreux, salles si riches en affections du système nerveux, sur lesquelles les travaux de Charcot jetaient alors un jour nouveau ; il eût voulu s'instruire encore et lutter contre la fatale devise : *Ars longa, vita brevis*. Heureusement il avait la consolation de voir son fils continuer dignement son existence scientifique.

Pendant neuf années d'inspectorat (1867-1875), Laveran eut à déployer une autre activité : en 1870, désigné d'abord pour l'armée du Rhin, puis envoyé à l'armée du Nord, il fit, comme médecin en chef, une campagne rendue fort pénible par un froid excessif. En 1872, il fut appelé à succéder à Michel Levy comme directeur de l'école au Val-de-Grâce ; c'est là qu'il devait terminer sa carrière active, et qu'il recevait du ministre de la guerre, au moment de passer au cadre de réserve, ce dernier témoignage d'estime et de sympathie : « C'est avec un vif regret que je vois la première application d'une loi, inspirée néanmoins par une pensée de bienveillance à l'égard du corps de santé militaire, venir priver l'armée de vos lumières et de votre expérience. Au moment où vous allez quitter les importantes fonctions que vous remplissiez avec autant de zèle que de compétence, je tiens à vous faire parvenir le témoignage de ma satisfaction et de mon estime toute particulière, bien convaincu que dans l'avenir vous répondriez avec empressement, le cas échéant, à l'appel qui serait fait au dévouement dont vous avez donné tant de preuves dans le cours de votre longue et honorable carrière. »

Quant au souvenir que laissent, dans notre corps et dans l'armée, sa science et son caractère, il ressort des éloquentes paroles prononcées sur la tombe de Laveran par M. le médecin principal Vezien :

« C'est lui qui a créé au Val-de-Grâce la chaire des épidémies des armées. Ses leçons toujours palpitantes d'intérêt ont formé de nombreux élèves et contribué à diminuer les désastres causés par les épidémies et les maladies contagieuses, lorsqu'elles atteignaient les grands rassemblements d'hommes, déjà épuisés par les fatigues de la guerre.

« Les fièvres et les dysenteries des pays chauds, les congélations, le scorbut, le typhus, le choléra, la fièvre jaune, tous ces fléaux qui tombent sur les armées et les détruisent plus que le fer et le canon, ont été l'objet de son enseignement ; et, grâce à ces savantes leçons, nous avons pu diminuer le nombre des victimes qui dorment du sommeil éternel, des rivages de l'extrême Orient aux campagnes de l'Afrique et de l'Italie, sous la terre du Mexique et de la Crimée, et aussi dans les champs de la France.

« La haute science de M. Laveran n'était surpassée que par la simplicité de ses manières, son aménité et son grand cœur : il était de ceux qui font le bien sans bruit.

« C'est au nom de ses vieux camarades et de ses amis absents ; c'est au nom de ses élèves, répandus partout où sont nos troupes, que je lui dis adieu. Je lui dis adieu, au nom des soldats qu'il a soignés pendant quarante-cinq ans comme un père et qui lui doivent la vie. Adieu ! »

Combien, parmi nous, se sont associés à l'expression de ces suprêmes adieux.

Léon Colin.

Les quelques lignes qui suivent sont extraites du *Progrès médical :*

Le professeur L. Laveran, né à Dunkerque, le 20 mai 1812, inspecteur du service de santé des armées, ancien médecin en chef et directeur du Val-de-Grâce, vient de mourir à Paris. Les obsèques ont eu lieu dans sa ville natale, où un dernier adieu lui a été adressé par M. le docteur Vézien, médecin en chef de l'hôpital militaire.

Professeur à l'hôpital de Metz, en 1841, M. Laveran, après la suppression des hôpitaux d'instruction, en 1851, revint au Val-de-Grâce, en 1856, où il créa l'enseignement des épidémies des armées. C'est à cette branche fondamentale de la médecine militaire qu'il a consacré tous ses travaux et tous les instants de sa carrière. Nulle étude, en effet, ne convenait mieux à son esprit philosophique et généralisateur. M. Laveran possédait toutes les qualités du professeur : érudition patiente et sûre, expérience clinique, coup d'œil médical, connaissance des travaux étrangers, élocution vive et originale, talent d'attacher son auditoire aux difficiles questions qu'il abordait. Les dix générations qui ont suivi ses cours au Val-de-Grâce conserveront religieusement la mémoire de sa parole, au milieu des épreuves qui attendent à chaque campagne la médecine militaire.

M. Laveran quittait à peine les fatigues du professorat et la direction de l'hôpital du Val-de-Grâce, pour l'inspection, quand la guerre survint. Il fut placé à la tête du service médical des armées du Nord ; puis revint, à la mort de Michel Lévy, diriger cette école où il avait vécu pendant de longues années où il retrouvait ses amis et ses élèves.

Ce ne fut pas une période de repos : ceux qui l'avaient connu plein de vigueur dans la chaire d'épidémiologie, le virent fatigué et luttant déjà contre le poids du fardeau. C'est qu'à cette époque les épreuves ne lui furent pas ménagées ; ils les affronta toutes le front haut, combattant, comme il l'avait fait toute sa vie, pour la science, la vérité et la vie du soldat.

L'école de Strasbourg venait de sombrer dans le désastre de la guerre, M. Laveran en recueillit les débris réfugiés à Montpellier et fit adopter des mesures qui, en assurant le recrutement de l'école, confirmaient l'existence du corps de santé, attaquée déjà par l'intendance.

C'est contre cet ennemi presque séculaire qu'il dépensa tout ce qu'il avait de force, d'autorité et d'expérience. Après Percy, Degenettes, Larrey, Chenu, Michel Lévy, Laveran est venu défendre presque dans le sein des commissions les plus hostilement constituées, l'autonomie de la médecine militaire. Il le fit avec l'énergie donnée par la conviction du vrai et du juste ; l'ennemi recula et ne voulut plus discuter.

M. l'inspecteur Laveran, créateur en France de l'épidémiologie militaire, qu'il porta du premier coup à sa perfection, connu par un grand nombre de mémoires remarquables, n'appartenait pas aux grandes sociétés savantes de Paris. Passant ses jours à l'hôpital, au milieu des malades ou des livres, peu désireux des honneurs, occupé surtout de son enseignement, entouré de chères affections, heureux dans la tranquille simplicité de sa vie, ce maître vénéré, dont la science se cachait sous la plus riante aménité, n'eut jamais le temps ni le désir de quitter sa retraite du Val-de-Grâce pour descendre affronter les candidatures académiques. Joie plus pure, il a vu avant.de mourir son nom revivre déjà brillant sur les œuvres de son fils.

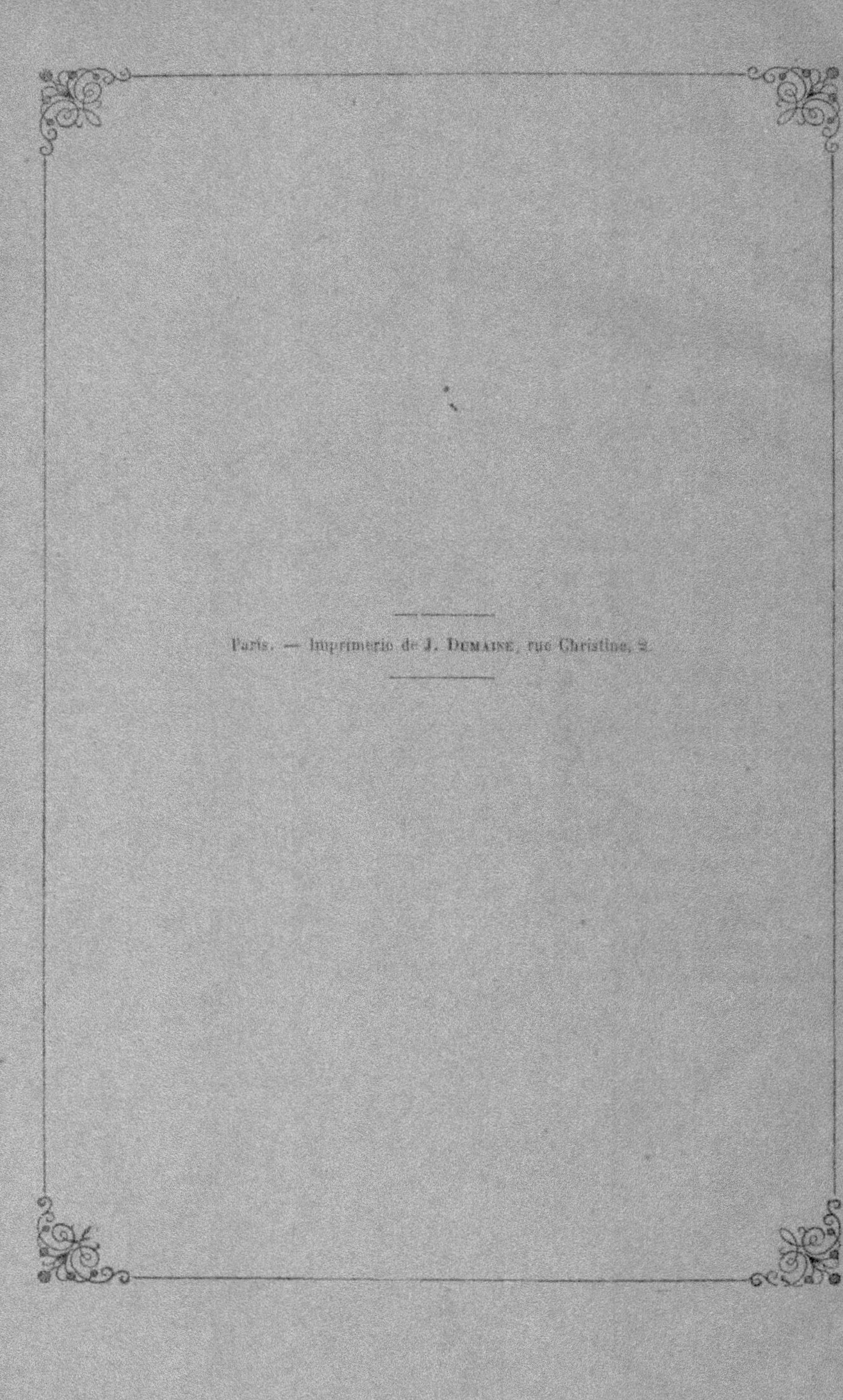

Paris. — Imprimerie de J. DUMAINE, rue Christine, 2.